Los Insectos
Insects

¿QUÉ ES UN ANIMAL?
WHAT IS AN ANIMAL?

Ted O'Hare
Traducido por Cathy Grajeda

Rourke
Publishing LLC
Vero Beach, Florida 32964

www.rourkcpublishing.com

PHOTO CREDITS: All photos ©Lynn M. Stone

Carátula: El escarabajo arlequín pertenece a un grupo de escarabajos que se alimentan de la madera.

Title page: The harlequin beetle belongs to a group of wood-eating beetles.

Editor: Frank Sloan

Cover and interior design by Nicola Stratford

Library of Congress Cataloging-in-Publication Data

O'Hare, Ted, 1961-
  [Insects. Spanish/English Bilingual]
  Insectos / Ted O'Hare.
     p. cm. -- (Qué es un animal?)
  ISBN 1-59515-630-5 (hardcover)
 1. Insects--Juvenile literature. I. Title.

QL467.2.O5718 2005
595.7--dc22

                                        2005022703

Impreso en los Estados Unidos

CG/CG

Rourke Publishing

www.rourkepublishing.com – sales@rourkepublishing.com
Post Office Box 3328, Vero Beach, FL 32964
1-800-394-7055

Contenido
Table of Contents

Los insectos

Algunos animalitos vuelan, otros nadan, se arrastran, se trepan o corren. También puede que piquen o muerdan. Parecen estar por todos lados. Muchos de estos son insectos.

Los insectos tienen seis patas. Y todos son **invertebrados**. Esto quiere decir que no tienen ni espina dorsal ni esqueleto por dentro de sus cuerpos.

Las arañas tienen ocho patas. Las lombrices no tienen patas. Los ciempiés tienen muchísimas patas. Estos animalitos *no* son insectos.

Insects

Some little animals fly, swim, crawl, creep, and run. They may also bite. They seem to be everywhere. Many of these are insects.

Insects have six legs. And they are all **invertebrates**. This means they do not have backbones or interior skeletons.

Spiders have eight legs. Earthworms have no legs. Centipedes have many legs. These animals are *not* insects.

A black swallowtail butterfly perches on its six legs.

Una mariposa del apio se posa en sus seis patas.

Los hábitos de los insectos

Los insectos comen, descansan y se mueven por dondequiera en busca de albergue para vivir y de pareja. La mayoría de los insectos no vive por mucho tiempo. Unas cuantas **especies** viven solamente unos pocos días o nada más una cuantas horas.

Algunos insectos **migran**. Hacen largos viajes, por lo regular durante la primavera y el otoño.

Insect Habits

Insects eat, rest, and move about looking for homes and mates. Most insects don't live long. A few **species** live only for a few days or even hours.

Some insects **migrate**. They make long journeys, usually in spring and fall.

Los insectos no tienen voces, pero algunos de ellos pueden hacer ruidos con las alas y con las patas.

Insects have no voices, but some can make noises with their wings and legs.

La mariposa de la seda permanece casi toda su vida dentro de un sedoso capullo, donde gradualmente se convierte en adulto.

A cecropia moth spends most of its life in a silky cocoon, where it gradually becomes an adult.

Los tipos de insectos

La variedad de insectos es inmensa. Los científicos se mantienen ocupados encontrando y nombrando insectos. Ya les han dado nombres a casi un millón de tipos. Es probable que encuentren millones más.

Los científicos dividen a los insectos en muchos grupos o familias. Las polillas y las mariposas son más parecidas que distintas. Pertenecen a la misma familia de insectos.

Kinds of Insects

The variety of insects is huge. Scientists are still busy finding and naming insects. They have already named nearly one million kinds. They will probably find millions more.

Scientists put insects into many family groups. Moths and butterflies are more alike than they are different. They belong to the same insect family.

Donde viven los insectos

La mayoría de los insectos viven en la tierra. Viven bajo tierra. Viven bajo la corteza de los árboles. Viven en las hojas y ¡hasta en las mazorcas del elote!

Unas pocas especies viven en el océano. Otras viven en riachuelos fríos y en charcas cálidas.

Where Insects Live

Most insects live on land. They live in the ground. They live under the bark of trees. They live in leaves and even in ears of corn!

A few species live in the ocean. Others live in cold streams and in hot pools.

Los insectos viven en casi todos los ambientes. Algunos viven hasta en la orilla de la gélida Antártida.

Insects live almost everywhere. Some even live on the edge of cold Antarctica.

Un saltamontes se puede esconder de los depredadores porque tiene la apariencia de lo que lo rodea.

A locust can hide from predators because it looks like its surroundings.

10

Los insectos llevan el polen de una planta a la otra.
El polen ayuda a que las plantas produzcan aún más plantas.

Insects spread pollen from one plant to another. Pollen helps plants produce even more plants.

*Las antenas en forma de abanico de esta polilla le
ayudan a detectar el movimiento y los olores en sus alrededores.*
The fan-shaped feelers of this moth help it sense movement and odors around it.

Los cuerpos de los insectos

El cuerpo de todo insecto adulto tiene tres partes principales. Estas son la cabeza, el **tórax** y el **abdomen**.

La cabeza de un insecto incluye sus piezas bucales, sus ojos y sus antenas. La mayoría de los insectos tienen dos ojos y dos antenas. El tórax es la parte de en medio del cuerpo del insecto. Si el insecto tiene alas, estas crecen en el tórax, así como las patas. Los huevos, el alimento y algunos órganos del cuerpo se encuentran en el abdomen.

Insect Bodies

An adult insect's body has three main parts. These are the head, the **thorax**, and the **abdomen**.

An insect's head includes its mouthparts, eyes, and feelers. Most insects have two eyes and two feelers. The thorax is the middle part of the insect's body. If it has wings, they are attached to the thorax as are the insect's legs. Eggs, food, and some body organs are found in the abdomen.

The head, thorax, and abdomen can be seen on this dragonfly.

Se pueden ver la cabeza, el tórax y el abdomen de esta libélula.

Los maravillosos insectos

Hay polillas que alcanzan una extensión máxima de alas de hasta 10 pulgadas (25 centímetros). El insecto con el cuerpo más grande es el escarabajo goliat. Mide 4 pulgadas (10 centímetros) de largo.

Las luciérnagas brillan en lo oscuro. El ciervo volante tiene mandíbulas que parecen los cuernos de un venado. Algunos insectos tienen la apariencia de espinas, de hojas y de palitos.

Amazing Insects

Some large moths have wingspreads up to 10 inches (25 centimeters) across. The insect with the largest body is the Goliath beetle. It is 4 inches (10 centimeters) long.

Fireflies glow in the dark. The stag beetle has jaws that look like a deer's antlers. Some insects look like thorns, leaves, and sticks.

Sharp spines on this moth larva warn predators to stay away!

Las espinas agudas de esta larva de polilla les advierten a los depredadores que no se acerquen.

El depredador y la presa

Muchos insectos son **depredadores**. Cazan y matan a otros insectos y animalitos, sus **presas**, para alimentarse. Los insectos también son presa de muchos tipos de criaturas.

La mayoría de los insectos son herbívoros. Suelen comer fruta, hierba, hojas y madera. Los mosquitos se alimentan de sangre. Unos pocos insectos hasta se comen la ropa.

Predator and Prey

Many insects are **predators**. They hunt and kill other insects and small animals for food, or **prey**. Insects are also prey for many kinds of creatures.

Most insect species are plant-eaters. They eat fruit, grass, leaves, and wood. Mosquitoes feed on blood. A few insects even eat clothing.

En Norteamérica, las libélulas y las chinches son depredadoras.

In North America, dragonflies and assassin bugs are predators.

Una mosca asesina atrapa a su presa, una mariposa nebulosa de azufre.

A predator robber fly grabs its prey, a sulphur butterfly.

Las crías de los insectos

Muchos insectos no nacen con seis patas. En lugar de ello, un insecto crece en etapas. La mayoría de los insectos crecen en cuatro etapas. La forma del insecto en una etapa no se parece mucho a las otras.

La primera etapa es el huevo. La segunda etapa es la **larva**. Las larvas de los insectos con frecuencia son orugas. La tercera etapa es la pupa. Durante la etapa pupa, la larva se convierte en adulto, que es la cuarta etapa. La **pupa** de la polilla se convierte en adulto dentro de un capullo.

Baby Insects

Many insects are not born with six legs. Instead, an insect grows in stages. Most insects grow in four stages. One stage does not look much like another.

The first stage is the egg. The second stage is the **larva**. Insect larvas are often caterpillars. The third stage is the **pupa**. During that stage, the larva changes into an adult, the fourth stage. A moth pupa changes to an adult in a cocoon.

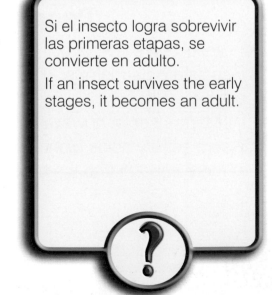

Si el insecto logra sobrevivir las primeras etapas, se convierte en adulto.

If an insect survives the early stages, it becomes an adult.

La mariposa de seda pone sus huevos por un tubo en su abdomen.

The cecropia moth lays eggs through a tube in her abdomen.

21

La gente y los insectos

Los insectos son parte de nuestras vidas en casi dondequiera que andemos. Algunos insectos son peligrosos. Muerden, pican o son portadores de enfermedades. Otros nada más nos molestan.

Sin embargo, muchos insectos son bellísimos. Y muchos son importantes. Las actividades de los insectos ayudan a las plantas a que produzcan aún más plantas. No existe ningún grupo de animales que sea de más importancia para el equilibrio de la naturaleza.

People and Insects

Insects are part of our lives almost everywhere we go. Some insects are dangerous. They bite, sting, or carry diseases. Others are just pests.

Many insects, however, are beautiful. And many are important. Insect activity helps plants make more plants. No group of animals is more important to the balance of nature.

GLOSARIO / GLOSSARY

abdomen (ab DOH men) — una de las tres partes principales del cuerpo del insecto
abdomen (AB duh mun) — one of three main insect body parts

invertebrados (in ver teh BRAH dohs) — animales sin espina dorsal
invertebrates (in VUR tuh BRAYTZ) — animals without backbones

larva (LAR vah) — una etapa temprana en la vida de los insectos y otros animales
larva (LAHR vuh) — an early life stage in insects and certain other animals

migrar (mih GRAN) — hacer largos viajes durante la misma estación de cada año
migrate (MY grayt) — to travel to a distant place at the same time each year

depredadores (deh preh dah DOR ehs) — animales que cazan a otros animales para alimentarse
predators (PRED uh turz) — animals that hunt other animals for food

presa (PREH sah) — un animal que es cazado por otros animales para alimentarse
prey (PRAY) — an animal that is hunted by another animal or food

pupa (POOH pah) — la etapa en la vida inmediatamente después de la larva
pupa (PYU puh) — a life stage just after the larva

especie (es PEH syeh) — dentro de un grupo de individuos semejantes con antepasados comunes, un cierto tipo, como la mariposa monarca
species (SPEE sheez) —within a group of closely related animals, one certain kind, such as a monarch butterfly

tórax (TOHR ax) — la segunda parte principal del cuerpo de un insecto; la parte que tiene las alas y las patas
thorax (THOR AKS) — the second major body part of an insect; the section with wings and legs

Índice / Index

Lecturas adicionales / Further Reading

Ball, Jacqueline A. *Invertebrates.* Gareth Stevens, 2002
Galko, Francine. *Invertebrates.* Heinemann Library, 2003
Pascoe, Elaine. *Animals without Backbones.* Powerkids Press, 2003

Sitios web para visitar / Websites to Visit

http://www.kidport.com/RefLib/Science/Animals/AnimalIndexInv.htm
http://www.biologybrowser.org
http://si.unm.edu/jalucero/unit%20plan/Insects.htm

Acerca del autor / About the Author

Ted O'Hare es autor y editor de libros para niños. Divide su tiempo entre la Ciudad de Nueva York y un casa en el norte del estado.

Ted O'Hare is an author and editor of children's books. He divides his time between New York City and a home upstate.